Guide de Paray (Allier)

GUIDE

DE

NÊRIS-LES-BAINS

(Allier)

GUIDE

DE

NÉRIS-LES-BAINS

(Allier)

PARIS

IMPRIMERIE A. LANIER

14, RUE SÉGUIER

1886

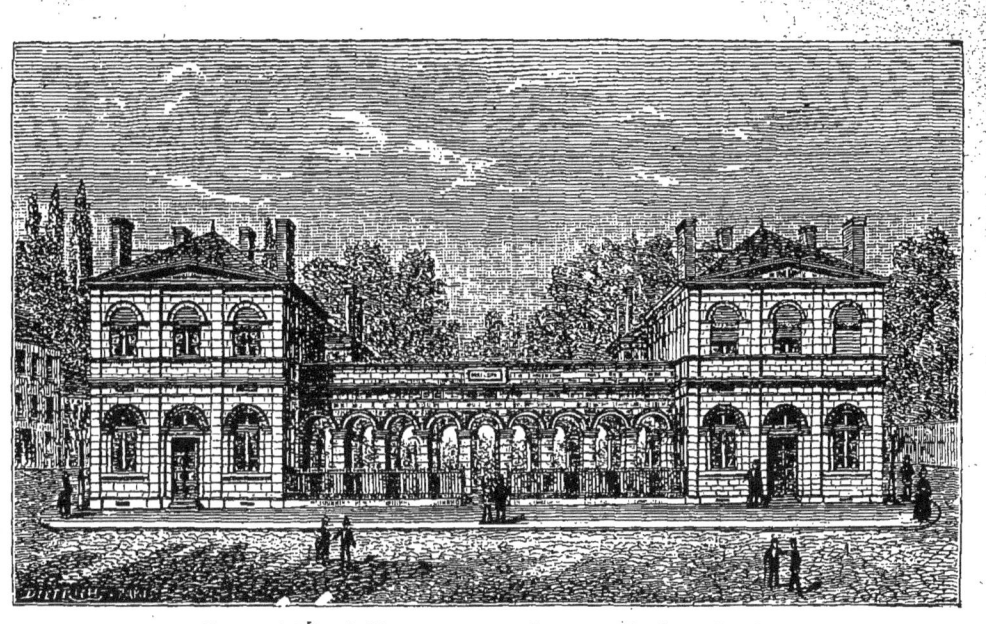

Grand Établissement thermal de Néris.

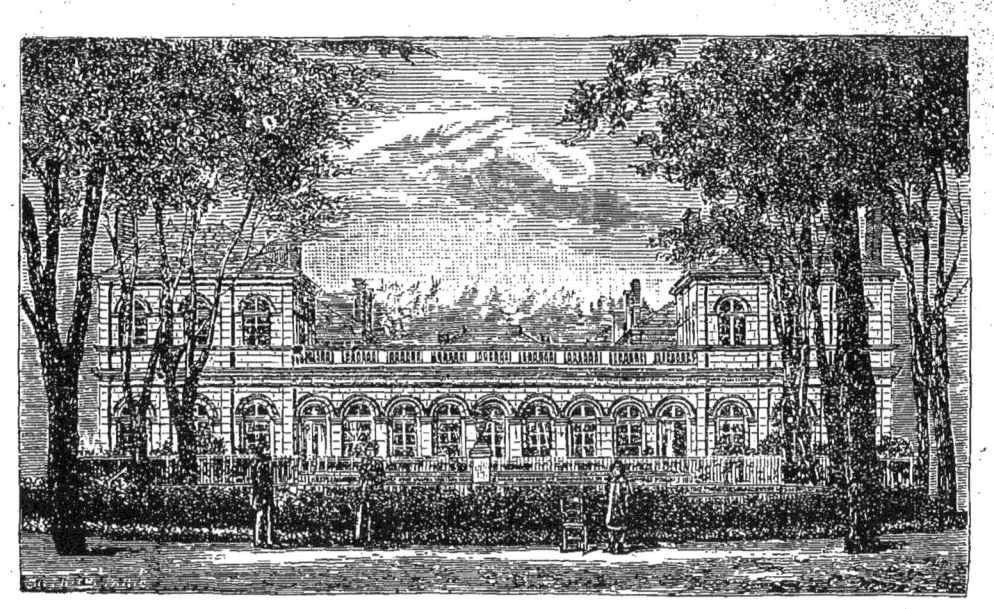

Casino de Néris.

PRÉFACE

En arrivant dans une station thermale, le malade ou le voyageur trouvent presque partout une petite brochure, un Guide, qui leur fournit les renseignements indispensables sur la localité qu'ils doivent habiter plus ou moins longtemps, sur les environs qu'ils voudront plus ou moins connaître.

Les stations les plus nouvelles ont leur guide. Néris, l'une des plus anciennes, des plus estimées dans le monde médical, n'ayant pas encore le sien, nous avons cru devoir combler cette lacune, en réunissant sous une forme aussi concise que possible toutes les indications nécessaires au *baigneur qui vient y chercher et y trouver la guérison ; au touriste nouvellement arrivé, nous tendrons la main, nous montrerons tout ce que cette petite ville peut renfermer d'intéressant, puis nous indiquerons les excursions les plus attrayantes. Dans ce pays, les promenades ne laissent rien à désirer au point de vue de la beauté des sites ; l'amateur du pittoresque nous saura gré de lui avoir indiqué les coins charmants qui s'y trouvent, et nous nous aurons rempli notre but si nous avons pu, un instant, distraire le malade de ses souffrances.*

RENSEIGNEMENTS GÉNÉRAUX

Néris est une petite ville de 2,500 habitants, située au centre de la France (Allier), à 7 kilomètres de Montluçon, à 5 kilomètres de Commentry, ayant pour la desservir la gare de Chamblet-Néris.

Nous ne croyons pas devoir, comme on le fait généralement, dresser le tableau des heures de départ des trains partant des principales villes de France pour aboutir à Néris : les règlements de chemins de fer sont sujets à variations et telle indication exacte à un moment donné peut être fausse quelque temps après. D'ailleurs, on peut facilement se renseigner à l'aide d'un indicateur et il est suffisant de faire savoir que cinq grandes lignes ferrées aboutissant à Montluçon, la station voisine, l'accès de Néris est facile de tous les points de la France.

En ce qui concerne Paris, particulièrement, et les villes qui se trouvent sur la ligne directe comme Orléans, Vierzon, Bourges, etc., on peut d'ores et déjà prévoir, pour la saison prochaine, la création d'un express qui amènera, en six heures, les voyageurs de Paris à Montluçon et à Néris.

A LA GARE

Chamblet-Néris! Chamblet-Néris! A cet appel, chacun descend sur le quai et jouit du plaisir qu'on éprouve d'être arrivé au terme d'un voyage; cependant, 4 kilomètres séparent encore les voyageurs de la terre promise.

Qu'aperçoit-on, en effet, en mettant le nez à la portière? Une gare isolée, çà et là, des rochers, des ravins, en un mot, c'est la continuation du pittoresque que l'on peut observer de la gare de Montluçon à celle de Chamblet-Néris.

Par ici, la sortie: six à sept omnibus rangés le long d'un trottoir, portières ouvertes, attendent messieurs les voyageurs. Les cochers sont à leur poste.

Un cri ou plutôt des cris plus ou moins discordants s'élèvent: Grand-Hôtel de par-ci, Grand-

Hôtel de par-là, tous sont grands, le baigneur n'a que l'embarras du choix. Mieux vaut monter dans la première voiture venue et ne pas paraître hésitant, sous peine d'être sollicité et harcelé; on aura toujours le temps de se renseigner sur le choix d'un hôtel.

Bientôt les bagages sont chargés, le baigneur est installé dans un omnibus confortable, le cocher rassemble ses chevaux et en quelques minutes va le conduire à domicile.

Au départ, une côte assez longue; sur la gauche, un groupe de maisons, dites *casernes*, habitées par des ouvriers mineurs; de chaque côté de la route, des puits à charbon surmontés d'échafaudages et de grandes roues sur lesquelles glissent de larges câbles d'aloès qui servent à descendre et à remonter les bennes chargées de charbon. Le sol de la route, noir, affaissé par intervalles, témoigne que l'on est en plein terrain houiller.

A moitié chemin, au sommet de la colline, une auberge : *Au rendez-vous des chasseurs et des baigneurs,* ainsi désignée parce qu'elle est surtout fréquentée par les cochers qui y viennent se rafraîchir.

Une dernière montée et on entre dans le bourg ; quelques maisons de modeste apparence ; la place de l'église ; puis, à droite, le grand parc, ou *Parc des Arènes;* enfin, longeant le petit parc, le grand établissement apparaît sur la *Place des Thermes*. Le voyage est terminé.

ARRIVÉE A NÉRIS

A l'arrivée des voitures, les employés des hôtels s'empressent autour des voyageurs qu'ils débarrassent bien vite de la couverture, de la valise, de tous les petits paquets qu'ils peuvent avoir avec eux.

Heureux ceux qui sont fixés d'avance sur le choix d'un hôtel et qui n'ont pas à craindre les sollicitations des valets de chambre après avoir subi celles des cochers. Autant que possible, il faut éviter d'avoir à se mettre en quête d'un logement à son arrivée. Il est toujours facile de se renseigner, et à défaut de relations personnelles dans le pays, le régisseur de l'établissement, le médecin de la localité, M. le docteur Peyrot, s'empressent toujours de fournir toutes les indications nécessaires.

Aussitôt après avoir fait choix d'une chambre

et s'y être installé, le baigneur doit, pour ne pas perdre de temps, se rendre chez le médecin qui va diriger son traitement.

La visite médicale terminée, nous lui conseillons d'aller immédiatement à l'établissement, où il se fera inscrire, choisira parmi les séries libres celle qui lui conviendra le mieux, et prendra note du numéro du cabinet qui lui sera assigné.

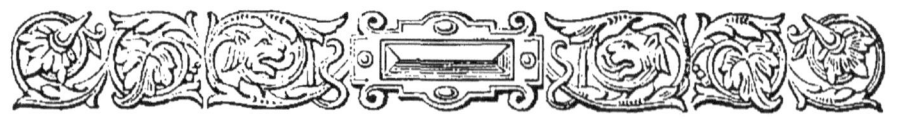

NÉRIS MÉDICAL

Les eaux minérales de Néris, *aquæ Neriæ*, dit le nouveau *Dictionnaire encyclopédique des sciences médicales,* sont situées dans le département de l'Allier, sur les confins de celui du Puy-de-Dôme ; c'est la station thermale la plus complète, la mieux dirigée et la plus luxueusement installée de toutes celles de l'Europe. »

La saison thermale commence le 15 mai et finit le 1er octobre.

L'élévation au-dessus du niveau de la mer est de 260 mètres.

Le climat est tempéré, variable, sans excès, comme dans tout le centre de la France. La vie moyenne dépasse les limites ordinaires, les épidémies sont très rares. Le printemps et l'automne y sont généralement très doux ; l'été sec et chaud, mais la chaleur du milieu du jour est tempérée par une certaine fraîcheur due aux nombreux arbres séculaires dont sont plantés le *Grand* et le *Petit Parc* qui occupent une grande partie de la vallée où s'élèvent les établissements et les hôtels.

Six sources qui existent depuis l'époque romaine émergent d'un terrain granitique, à quelques mètres les unes des autres ; elles se nomment : le *puits César ou d'Enfer*, le *puits Innommé*, le *grand Puits*, le *puits de la Croix*, le *puits Dunoyer*, le *puits Boirot-Desserviers*.

L'égalité de niveau, leurs rapports d'analyse démontrent qu'elles proviennent d'une nappe commune.

Le débit total est de 1,500 à 1,600 mètres cubes par vingt-quatre heures ; la source de César est la plus importante.

La température oscille entre 52 et 53 degrés centigrades. La limpidité de l'eau est remarquable; sa saveur ne diffère pas beaucoup de l'eau ordinaire chauffée; son odeur est très légère, malgré la quantité de grosses bulles de gaz qui viennent d'une manière intermittente s'épanouir avec bruit à sa surface.

Ces eaux faiblement minéralisées ont été classées parmi les bicarbonatées mixtes; elles contiennent en effet des bicarbonatés de chaux, de soude, de potasse; des chlorures, des fluorures, des silicates et une matière organique très abondante : les conferves, sortes d'algues de la famille des confervoïdes qui se développent dans l'eau à 48 ou 50 degrés centigrades. Nous ne pouvons entrer ici dans de grands développements sur cette plante, nous nous contenterons de dire que c'est à la présence des conferves et des silicates que les eaux de Néris doivent cette consistance douce, savonneuse, onctueuse au toucher que les malades constatent dès leur premier bain et qui joue certainement un très grand rôle dans leur action calmante et sédative.

Les eaux de Néris s'administrent en bains ordinaires, douches ordinaires, aux températures les plus variées ; en douches froides, en bains de vapeur, douches de vapeur, etc., etc. En résumé, l'établissement présente à la thérapeutique hydriatique un arsenal des plus complets.

L'eau en boisson, le massage rendent également de véritables services et secondent puissamment le traitement balnéothérapique.

C'est à la dose de deux à quatre verres que l'eau peut être ingérée ; l'expérience montre qu'elle n'est pas diurétique, elle paraît même diminuer notablement la sécrétion de l'eau et des sels, qui constituent l'urine normale, mais sans en changer l'acidité. Par contre, elle augmente la transpiration, et cet effet est mis à profit par les rhumatisants qui, en sortant de la douche, prennent un verre d'eau, avant d'aller se mettre au lit, ils facilitent ainsi la diaphorèse et prolongent l'effet de leur bain.

Il est généralement assez difficile d'expliquer d'une manière satisfaisante le mode d'action d'une eau minérale et si l'on cherche à se faire une idée nette à ce sujet, on se trouve bientôt en face de plusieurs théories qui pêchent toutes par leur insuffisance. Pour nous, ainsi que cela a été dit déjà, nous croyons que dans une eau thermale, il ne faut pas exclusivement considérer tel ou tel principe minéral, mais l'ensemble des éléments qui la composent, l'agrégat minéral qu'elle renferme, car c'est vraisemblablement au mode d'association de ces substances qu'elle doit ses vertus curatives. Cela est vrai surtout pour Néris, les nombreux sels contenus dans ces eaux sont en trop petite quantité pour que l'on puisse individuellement leur attribuer une action bien efficace. S'il est bon de faire la part de chacun des agents qui entrent dans une eau minérale, on ne doit pas oublier qu'au point de vue des résultats, il faut surtout les considérer dans leur ensemble, en pareil cas la synthèse n'est pas moins utile que l'analyse. Ainsi, les eaux de Néris présentent trois facteurs principaux, qui sont : 1° l'agrégat minéral; 2° la matière organique; 3° la température.

Serait-il raisonnable de vouloir expliquer leur action par l'un quelconque de ces agents?

Nous venons de dire que la petite quantité des

sels reconnus dans l'eau ne permet pas de leur assigner une action prépondérante.

L'expérience démontre, en second lieu, que le rôle prédominant ne saurait appartenir aux conferves. En ce qui concerne la thermalité, elle doit évidemment entrer en ligne de compte pour un grand nombre de cas, mais on ne peut non plus lui attribuer la note dominante, d'autant que le traitement le plus souvent mis en usage à Néris est le bain tempéré.

Sans vouloir émettre une théorie absolue, nous pensons qu'il est préférable de s'en remettre aux leçons de l'expérience et de tenir tout simplement compte des faits, c'est ainsi que sans chercher à préciser le *modus agendi* des thermes de Néris, le docteur Pidoux disait avec raison : « Ces eaux sont les plus inimitables de toutes, leur action échappe en partie aux explications de la chimie, elles réunissent les propriétés des toniques et des calmants, elles s'adressent surtout à cet état morbide particulier de l'organisme si commun chez les rhumatisants et les névropathes, l'irritabilité extrême et la faiblesse. »

Les phénomènes qui se produisent sous l'influence d'une eau minérale sont de deux ordres:

1° Les uns sont communs à certaines eaux;

2° Les autres sont spéciaux ou caractéristiques de chacune d'elles.

La réunion de ces différents phénomènes a pris le nom de crise thermale, mais la thermalité n'est pas nécessaire pour l'occasionner; l'eau minérale refroidie peut tout aussi bien la produire, quoique plus lentement peut-être. Cette crise se montrant pendant le traitement, nous l'appellerons *crise thérapique* par opposition à celle qui a lieu quelquefois après la saison, dont nous parlerons plus loin et que nous nommerons *crise athérapique*. Ces dénominations nous paraissent présenter l'avantage de ne faire prévaloir ni la thermalité, ni la minéralisation.

L'époque de la cure à laquelle la crise thérapique peut se montrer est assez variable, c'est en général du quatrième au dixième bain. Au sentiment de bien-être qui accompagne les trois ou quatre premiers bains succèdent brusquement les symptômes suivants :

Migraine, céphalalgie intermittente, prostration générale, perte de l'appétit, sensation de fièvre, quelquefois même frissons, soif intense, courbature, tendance au sommeil, le jour ; la nuit, agitation, insomnie persistante. La langue devient saburrale, le ventre se ballonne, coliques sourdes, constipation se terminant naturellement par des selles diarrhéiques ou nécessitant l'emploi d'un léger purgatif.

Les urines sont rares, sédimenteuses.

A ces troubles généraux qui révèlent l'action profonde de l'agent minéral dans l'intimité de nos tissus s'ajoutent des phénomènes d'ordre spécial. Ce qui caractérise ces manifestations particulières, c'est une exacerbation dans les symptômes morbides que présente chaque malade soumis à la médication nérisienne, et cela, nous le répétons, à une douce température et en dehors de toute thermalité.

Afin de rendre ce phénomène plus compréhensible et de le faire toucher du doigt, pour ainsi dire, prenons d'abord un symptôme subjectif.

Dans l'eczéma chronique, que l'on rencontre assez fréquemment à Néris, les premiers bains ramènent presque toujours cette affection à l'état subaigu; la rougeur, la cuisson, les fourmillements sont plus accusés et ce n'est qu'au bout de quelques jours que cette irritation fait place à une exhalation plus épaisse et à la desquamation.

Dans le rhumatisme, quelle que soit la forme de cette affection, qu'elle soit musculaire, viscérale, articulaire; la douleur faible, au début, peut s'exagérer à tel point qu'elle exige la suspension du traitement. Souvent, des douleurs rhumatismales qui semblaient sommeiller depuis plusieurs années se réveillent sous l'influence de la médication minérale, jusqu'à ce que la période d'excitation s'étant écoulée, une nouvelle direction étant imprimée à l'organisme, le malade peut continuer sa médication sans accident et considérer sa guérison comme définitive.

Ce qui se passe pour le rhumatisme, se produit également pour les névralgies, sous quelque nature qu'elles se présentent.

Dans les névroses, l'excitation se caractérise par l'exagération des troubles fonctionnels particuliers à chaque malade; les phénomènes douloureux, convulsifs, spasmodiques, peuvent s'accentuer durant la crise thérapique et nécessiter quelques précautions au début du traitement. Il semble que la médication minérale ramène d'abord l'organisme au point où il a été détourné de ses fonctions physiologiques, où sa marche naturelle a été déviée, pour le remettre ensuite dans la bonne voie et rétablir son équilibre.

Est-ce à dire que la crise thérapique se produise dans tous les cas et qu'elle soit nécessaire pour faire bien augurer d'une saison thermale? Non, certes. Des malades peuvent arriver à la fin de la cure thermale sans encombre et compter à bon droit sur la guérison; mais ces phénomènes d'excitation se produisant le plus généralement, nous devions les faire connaître. Nous ajouterons, qu'à notre avis, une crise modérée peut être considérée comme de bon augure pour le résultat du traitement; ainsi, on a dit avec raison que, dans ces cas, le réveil des douleurs est souvent le premier pas vers la guérison. Il en est de même pour la crise athérapique ou post-thermale, dont l'époque d'apparition est très variable ; celle-ci survient tantôt quelques jours, tantôt quelques semaines après la cure thermale. Elle est beaucoup moins fréquente que la crise thérapique, elle se montre plutôt chez les personnes atteintes de névralgies locales ou généralisées.

Cette seconde crise est plus longue que la première ; sa durée peut être de quelques jours, mais elle peut aussi persister plusieurs semaines, d'où le désespoir des malades, et la crainte, du reste fondée en apparence, que les eaux ne leur aient fait plus de mal que de bien. En revanche, les effets consécutifs sont toujours satisfaisants et le malade finit par être convaincu que les promesses faites par son médecin n'étaient pas de l'eau bénite de consolation. C'est que l'action d'une eau minérale n'est pas toujours immédiate, elle est souvent consécutive, à longue portée, les docteurs de Laurès et de Ranse ont bien établi cette distinction.

Ceci bien entendu, quelles sont les affections justiciables des eaux de Néris?

A l'encontre de certaines eaux dont les indications ne sont pas bien déterminées, nous pouvons dire que les indications de nos thermes sont nettes et précises.

Malgré leur diversité, on a, jusqu'à présent, placé dans le même cadre le rhumatisme, les névropathies, les maladies utérines et un certain nombre d'autres affections chroniques, sans spécifier les propriétés dominantes, les propriétés secondaires et les propriétés accessoires des eaux de Néris.

Aujourd'hui, nous devons établir une gradation dans ces indications qui ne ressortissent pas au même titre de notre thérapeutique thermale ; il est du reste facile de montrer que si une dissemblance manifeste paraît tout d'abord présider à leur réunion, elles ne présentent pas moins un lien de parenté qui permet de les ramener à un seul chef. Il ne faut pas oublier, en effet, que le propre de la médication thermale est de s'adresser à des états pathologiques primordiaux, à des états constitutionnels ou diathésiques.

Il nous semble que l'on peut ranger les indications de Néris dans un ordre absolument rationnel basé sur deux éléments :

Sur le mode de traitement mis en usage pour chaque affection;

Sur l'expérimentation clinique.

1° Au premier plan, nous rangerons les *névropathies,* les *névroses,* parce qu'elles relèvent directement de la constitution intime des eaux de Néris, de leur action médicamenteuse spéciale, et que, le plus souvent dans ces cas, le traitement minéral se réduit à sa plus simple expression : le *bain tempéré.*

2° Au second rang, nous placerons le *rhumatisme* pour le traitement duquel la médication minérale réduite au bain n'étant plus suffisante, on doit recourir à la thermalité et aux divers agents balnéothérapiques : douches, vapeur, massage, etc. Nous mettrons également en seconde ligne les *maladies de l'utérus et de ses annexes* qui sont surtout des manifestations locales et qui exigent aussi certains artifices d'administration.

Comme nous l'avons dit, le mode de traitement ne justifie pas seul cette division qui repose également sur l'expérimentation clinique. En effet, la description des affections comprises dans le deuxième groupe montre que l'action élective des eaux de Néris embrasse de préférence les formes qui portent avec elles le syndrome névropathique, le cachet de l'élément nerveux.

Pour le rhumatisme, par exemple, les arthropathies nerveuses, celles consécutives aux blessures des nerfs; le rhumatisme abarticulaire qui comprend les névralgies, les dermopathies, en un mot toute la série des manifestations qui affectent le système nerveux interne ou externe, trouvent une indication particulière dans ces eaux minérales.

Parmi les métrites ou les inflammations péri-utérines qui réclament une médication sédative, celles qui s'accompagnent de symptômes spasmodiques, douloureux, névralgiques, rentrent spécialement dans leur domaine.

En résumé, la plupart des affections soumises avantageusement à notre examen présentent l'élément nerveux comme résultante; l'élément nerveux est le lien qui, ainsi que nous le disions plus haut, rattache entre elles des indications qui paraissent de prime abord si différentes.

De plus, les indications du deuxième groupe ne peuvent nous offrir qu'un intérêt de second ordre, car elles ne sont pas spéciales aux eaux de Néris, une foule de stations les revendiquent avec ces thermes.

Ainsi, Aix, Luxeuil, Plombières, etc., réclament le rhumatisme; Saint-Sauveur, Cauterets, Capvern s'adressent aux affections utérines. Au contraire, les affections que nous rangeons en première ligne dérivent d'une cause particulière; elles sont sous la dépendance de l'élément nerveux et de l'ensemble des faits publiés jusqu'à ce jour, il résulte que ce qu'on a appelé la constitution nerveuse, la diathèse névropathique relève spécialement des eaux de Néris.

C'est grâce à leur faible minéralisation et à leur excitation modérée qu'elles sont employées avec succès dans la plupart des maladies où l'administration des eaux thermales sulfurées ou chlorurées, plus ou moins fortes, pourrait présenter des dangers. Parmi les affections nerveuses que l'on rencontre à Néris, nous citerons : l'hystérie, l'hypochondrie, la catalepsie, la chorée, et principalement cet état particulier connu sous le nom de névrosisme, avec tous les accidents qui lui sont propres, phénomènes convulsifs, spasmodiques, etc., etc.; certaines altérations de la sensibilité ou du mouvement constituant des paralysies partielles, la paralysie hystérique, rhumatismale; la dermalgie ou hyperesthésie de la peau ; les névralgies généralisées ou locales, névralgies sciatiques, lombaires, intercostales, plantaires, faciales, etc.

La température élevée de ces eaux devait évidemment les désigner pour combattre le rhumatisme; aussi, à ce point de vue, ont-elles depuis longtemps fait leurs preuves.

Que la manifestation soit articulaire, musculaire, viscérale et surtout nerveuse, le succès est presque constant; nous pouvons, à cet égard, nous contenter de dire, que dans notre service de l'hôpital où l'on reçoit, chaque année, de six cents à sept cents malades, le rhumatisme dominant de beaucoup, nous sommes souvent heureux de constater que les résultats dépassent nos espérances.

Pour les affections utérines ou péri-utérines, celles qui sont compliquées d'accidents nerveux ou qui ont conservé le caractère subinflammatoire, comme la métrite chronique, par exemple, retireront toujours un grand bénéfice de la médication nérisienne. Nous n'avons, d'ailleurs, qu'à rappeler ce que dit à ce sujet notre ancien maître, le docteur Gallard, si compétent en cette matière : « Parmi les antiphlogistiques, vous devez placer le bain tiède, un peu prolongé. C'est un excellent sédatif, qui contribue à la fois à faire diminuer les douleurs et à calmer l'excitation nerveuse qui fatigue tant les malades, et se produit lorsque surviennent les poussées inflammatoires, si fréquentes dans le cours de la métrite chronique, surtout aux approches des époques menstruelles. Certaines eaux thermales, faiblement minéralisées, comme celles de Néris, sont souvent utiles au début de la métrite chronique, pour les femmes chez lesquelles il survient à chaque époque menstruelle des poussées congestives, simulant le retour à l'état aigu. » L'aménorrhée, la dysménorrhée, le vaginisme, le prurit vulvaire, les engorgements péri-utérins trouvent aussi dans ces eaux l'une de leurs meilleures indications.

Si nous citons maintenant, comme étant encore justiciables de Néris, mais à titre tout à fait accessoire, certaines affections chirurgicales anciennes, restées douloureuses, l'eczéma chronique, le prurigo, etc., nous aurons fait connaître la plupart des affections que nous pouvons avantageusement combattre. Pour terminer cet exposé nous dirons que la thérapeutique des maladies nerveuses qui n'est pas très riche possède, dans les thermes nérisiens, l'un de ses agents les plus sûrs, et le névrologiste aussi bien que le gynécologue leur seront redevables de nombreux succès quand ils sauront comment et pourquoi ils doivent les conseiller. Dr PEYROT

Médecin de l'Hôpital thermal.

SERVICE MÉDICAL

NOMS ET ADRESSES DES MÉDECINS
CONSULTANTS A NÉRIS

Docteur Faure, médecin-inspecteur.
Docteur de Ranse, médecin-inspecteur adjoint, rue Boirot-Desserviers.
Docteur Peyrot, médecin de l'hôpital thermal, place des Thermes.
Docteur de Grandmaison, rue Boirot-Desserviers.
Docteur Goubeau, rue Boirot-Desserviers.

PHARMACIENS

MM. Coquelut, à l'établissement thermal.
Lafont, rue du Commerce.

CHIRURGIEN-DENTISTE

M. Pannetier.

DISPOSITIONS RÉGLEMENTAIRES

SERVICE DES BAINS

1° Le service des bains est divisé en huit séries :

La première commence à quatre heures et demie du matin et finit à six heures.

La deuxième commence à six heures du matin et finit à sept heures et demie.

La troisième commence à sept heures et demie du matin et finit à neuf heures.

La quatrième commence à neuf heures du matin et finit à dix heures et demie.

La cinquième commence à dix heures et demie du matin et finit à midi.

La sixième commence à deux heures du soir et finit à trois heures et demie.

La septième commence à trois heures et demie du soir et finit à cinq heures.

La huitième commence à cinq heures du soir et finit à six heures et demie.

La durée d'un bain de baignoire est d'une heure vingt minutes, y compris le temps nécessaire pour la douche ou le massage et pour la toilette ; au delà d'une heure vingt minutes, le bain est payé double.

Les bains prolongés au delà d'une heure seront pris dans le local réservé pour ce genre de traitement; ils ne pourront se prendre dans les cabinets de bains qu'à la dernière série du matin ou du soir.

La durée du bain de piscine tempérée sera de deux heures au maximum, y compris le temps nécessaire pour la douche ou le massage et pour la toilette. Au delà de deux heures, chaque heure sera payée 50 centimes.

2° Le service des piscines tempérées commence le matin à quatre heures et demie et finit à dix heures et demie.

La température de la piscine des hommes sera

constamment maintenue de 34 degrés à 34 degrés et demi centigrades le matin et à 32 degrés centigrades de deux heures à quatre heures de l'après-midi.

Celle de la piscine des dames sera, de quatre heures et demie du matin à dix heures et demie, à 34 degrés centigrades et de deux heures à quatre heures de l'après-midi à 32 degrés centigrades.

Personne ne pourra se baigner dans les piscines tempérées ou chaudes ou intermédiaires sans avoir préalablement pris un bain de propreté.

Les bains de propreté ne peuvent se prendre qu'à la dernière série du matin ou du soir.

Dans tous les bains pris en commun, l'emploi d'un costume de bain ou d'un caleçon est obligatoire.

3° Les douches écossaises s'administrent dans les galeries, savoir :

Le matin depuis sept heures jusqu'à dix heures et demie, et le soir, depuis deux heures jusqu'à quatre heures et demie.

4° Les douches avec massage s'administrent

le matin de sept heures et demie à neuf heures et demie, et le soir, de deux heures à quatre heures.

Les douches d'eau, pour être prises dans la vapeur doivent être commandées à l'avance.

5° L'administration des douches de vapeur a lieu, le matin, depuis sept heures jusqu'à dix heures, et le soir, depuis deux heures jusqu'à quatre heures.

6° Les douches intérieures s'administrent de quatre heures et demie à dix heures et demie du matin, et de deux heures à quatre heures du soir.

7° Le service de quatre heures et demie, de dix heures et demie du matin et de cinq heures du soir, soit pour les bains de baignoires, soit pour les bains de piscines, soit pour les douches, etc., ne commence que lorsque les séries de six heures et de sept heures et demie du matin, ainsi que celles de deux heures et trois heures et demie du soir sont complètes.

Article Premier.

Pendant les heures de service, qui sont fixées de quatre heures et demie du matin à midi et de deux heures à six heures du soir, il n'y a que les personnes qui prendront des bains ou des douches qui pourront entrer dans l'établissement, aux heures indiquées pour leurs séries, excepté pour celles dont l'état de santé nécessitera la présence de quelqu'un.

Art. 2.

Le public sera admis à visiter l'établissement de midi à une heure et demie.

Art. 3.

La durée du bain est de une heure vingt minutes y compris la douche, la toilette, etc.

Art. 4.

L'administration pourra disposer des cabinets de bains dix minutes après l'heure fixée pour les séries.

Art. 5.

Les malades sont prévenus que l'on disposera de leur bain, lorsqu'ils ne seront pas rendus à l'établissement dix minutes après l'heure réglementaire des séries.

Art. 6.

Il est expressément défendu aux malades d'amener des chiens dans l'établissement.

Art. 7.

Défense de fumer dans l'établissement.

Art. 8.

Les cachets et tickets achetés ne seront jamais remboursés, ni même échangés par l'administration.

Art. 9.

Les personnes qui ne seraient pas pourvues de tickets ne pourront pas être admises à faire leur traitement.

Art. 10.

Un registre de plaintes sera déposé dans le bureau du régisseur.

Art. 11.

Le régisseur est chargé spécialement de la surveillance du personnel et du matériel de l'établissement thermal et de ses dépendances.

Art. 12.

Il perçoit les droits établis par le tarif, suivant le cahier des charges dressé par M. le Ministre du commerce, en date du 14 août 1884. Il délivre les cachets de bains et de douches à tous ceux qui lui en demandent, sans exiger aucune autorisation ni prescription médicales.

Art. 13.

Pour qu'il n'y ait aucune préférence entre les malades, dans les heures des bains, les contrôleurs tiendront un registre indiquant la désignation de la série dans laquelle chacun d'eux pourra les prendre; un tableau des heures vacantes sera de plus affiché en permanence dans le lieu le plus apparent de l'établissement.

Le changement de série ne pourra avoir lieu que sur la demande du malade et d'après son heure d'inscription sur ce registre.

Art. 14.

Le régisseur de l'établissement est chargé de l'exécution du présent règlement.

TARIF DES PRIX DES BAINS ET DOUCHES

GRAND ÉTABLISSEMENT

1° Bain de baignoire, 1 peignoir, 2 serviettes..	2 f »
2° Bain de salle basse, 1 peignoir, 1 serviette...	1 »
3° Bain prolongé, une heure, 1 peignoir, 2 serviettes	2 »
4° Piscine, 1 peignoir, 2 serviettes............	1 50
5° Piscine pour famille, par personne, avec 1 peignoir, 2 serviettes..................	2 »
6° Douche ordinaire à la suite du bain, le linge du bain servant dans ce cas.............	1 50
7° Douche ordinaire prise isolément, 1 peignoir, 2 serviettes.........................	2 »
8° Douche écossaise, 1 peignoir, 2 serviettes...	2 »
9° Douche de vapeur, 1 peignoir, 2 serviettes..	2 »
10° Douche ascendante, 1 serviette.............	» 60
11° Bain de pieds à la suite du bain, sans linge..	» 50
12° Bain de pieds isolément, 1 serviette.........	» 75
13° Bain partiel de vapeur par encaissement, 1 peignoir, 1 serviette...................	2 »
14° Bain d'étuve, 1 peignoir, 2 serviettes.......	2 »
15° Bain d'étuve par encaissement, 1 peignoir, 2 serviettes...........................	3 »
16° Massage.................................	1 »
17° Douche froide, 1 peignoir, 2 serviettes......	1 »
18° Douche d'aquapuncture, 1 peignoir, 1 serviette	5 »
19° Carte d'abonnement pour 25 jours (buvette)..	2 »
20° Pulvérisation, 1 serviette..................	1 »
21° Gargarisme simple........................	» 25
22° Gargarisme avec appareils.................	1 »
23° Un peignoir..............................	» 20
24° Une serviette.............................	» 10

PETIT ÉTABLISSEMENT

1° Piscine..................................	»ᶠ	50
2° Douche ordinaire.......................	»	50
3° Douche écossaise.......................	»	75
4° Douche de vapeur......................	»	75
5° Douche ascendante.....................	»	25
6° Bain de pieds...........................	»	25
7° Bain de vapeur.........................	»	50

Les tickets une fois délivrés, on n'en rembourse pas la valeur.

POSTE ET TÉLÉGRAPHE

Le bureau de la poste et du télégraphe est situé au-dessus du bain, rue Voltaire ; en partant de la place des Thermes on y accède, soit par la rue Reignier, soit par la rue du Commerce.

Une boîte aux lettres spéciale est installée dans le pavillon de droite du grand établissement.

PREMIER DÉPART

Toute la France et l'Etranger : 5 heures 50 du matin

LEVÉES DES BOITES

Etablissement............. 8 h. 30 soir (la veille).
Bureau de poste.......... 5 h. 20 matin.

DEUXIÈME DÉPART

Toute la France et l'Etranger : 5 heures 15 du soir

LEVÉES DES BOITES

Etablissement..................... 4 h. soir.
Bureau de poste.................. 4 h. 45 soir.

DISTRIBUTION A DOMICILE

PREMIÈRE DISTRIBUTION.— Correspondances provenant de toute la France et de l'Etranger : 9 heures du matin.

DEUXIÈME DISTRIBUTION.— Correspondances provenant de toute la France et de l'Etranger : 8 heures du soir.

Le Bureau est ouvert au public pour le service postal et le service télégraphique de 7 heures du matin à 7 heures du soir, sans interruption.

CULTE CATHOLIQUE

GRACE aux nombreux prêtres qui fréquentent la station, des messes sont dites tous les jours et sans interruption, depuis cinq heures du matin jusqu'à neuf heures du matin.

Le dimanche, en outre de ces mêmes messes, et de la messe paroissiale, qui a lieu à neuf heures, une messe spéciale pour les étrangers est célébrée à onze heures précises.

Pendant toute la durée de la saison thermale, un Père missionnaire de la Société de Marie vient prêter son concours au clergé paroissial et chaque jour, et à toute heure de la journée, se met à la disposition des personnes qui auraient besoin de son ministère.

CULTE PROTESTANT

Une fois par semaine, un Ministre Protestant, de Montluçon, M. Seitte, vient à Néris pour les besoins du culte. Il est, en outre, à la disposition des étrangers chaque fois que cela est nécessaire.

MAIRIE

Le bureau de la Mairie est ouvert, tous les jours, de neuf heures à onze heures du matin, et le soir, de deux heures à quatre heures.

Les dimanches et les jours fériés, il est ouvert le matin seulement.

CASINO

A ceux qui ont connu Néris comme une station où l'on guérit ses douleurs, mais où l'on meurt d'ennui, nous pouvons dire aujourd'hui : Venez et jugez, *quantum mutatus ab illo*.

Depuis un an, un concessionnaire, M. Ferdinand Lepaître, a pris, pour trente années, la direction de cette station thermale, et si jusqu'à présent l'État s'était montré peu soucieux du plaisir et du bien-être de ses hôtes, il n'en est pas de même de la nouvelle administration.

Dès la première année, un élégant kiosque de musique s'est élevé dans le petit parc, en face du casino; un orchestre, choisi par M. Danbé, et composé en partie des premiers sujets de l'Opéra-Comique, a donné deux fois par jour des concerts très suivis et surtout très goûtés. Tous les quinze jours, une splendide fête de nuit était offerte aux étrangers et aux habitants de Commentry et de Montluçon.

Le théâtre était ce qu'il a toujours été depuis que M. Danbé le dirigeait, c'est-à-dire, des plus attrayants, et ceux qui ont eu le plaisir d'y entendre Mlle Dupont, M. Fugère, etc., n'en ont certainement pas perdu le souvenir. Cette année, on s'efforcera de faire mieux encore, s'il est possible. La direction artistique est confiée à M. Falisse, dont les abonnés de l'année dernière ont déjà pu apprécier le talent. On sait qu'à ses qualités de virtuose de premier ordre, le jeune artiste joint une parfaite courtoisie et l'on peut être certain d'avance que le public d'élite qui compose la colonie étrangère, ne lui marchandera ni ses faveurs, ni sa sympathie.

L'orchestre, qui ne comprenait, l'an dernier, que douze exécutants, en comprendra dix-huit, cette année, et sera conduit par M. Falisse lui-même. Le répertoire du théâtre sera à peu près complètement renouvelé ; des transformations multiples dont l'énumération serait trop longue sont à l'ordre du jour, en attendant que le concessionnaire, qui, d'après son cahier des charges, doit dépenser une somme de 500,000 francs, ait fait construire un autre casino plus en rapport avec les besoins actuels de la station, ce qui aura très probablement lieu dès l'année 1887.

Le Casino et les Concerts du jour commencent le 15 juin pour se terminer le 15 septembre.

ABONNEMENT AU CASINO

(Lever du rideau à huit heures du soir.)

Prix pour une personne pendant 25 jours..........	25 f
— pour deux personnes de la même famille.....	40
— pour trois personnes de la même famille......	55
Prix d'entrée pour les personnes non abonnées....	3

CONCERTS DANS LE PARC

(Trois concerts par jour.)
A midi.
A quatre heures du soir.
A sept heures du soir.

CHAISES DANS LE PARC

Pendant la musique...........................	» f	25
Avant et après la musique....................	»	10
Abonnement de saison........................	10	»

LE GRAND ÉTABLISSEMENT

Le grand établissement thermal, dit J. Bariau, fut commencé en 1818 et terminé en 1855.

Son plan est un vaste parallélogramme de 60 mètres de long sur 40 de large ; les angles en sont occupés par quatre pavillons.

L'entrée, qui se trouve au midi, présente une galerie couverte, fermée par une grille et précédée de bassins réfrigérants. Sous cette galerie, sont placés quelques débris des édifices antiques de Néris, fûts de colonnes, surmontés de magnifiques chapiteaux à feuilles d'acanthe qu'on croirait fouillés d'hier, tant leurs arêtes sont vives et bien conservées ; des statues mutilées, des tronçons d'aqueducs romains, des inscriptions du temps des empereurs, des vases, etc. On a récemment installé sous le péristyle, une buvette, une salle de gargarisme et une salle de pulvérisation. La partie qui regarde le nord ouvre, du côté de la promenade, ses fenêtres à plein cintre; ce bâtiment comprend un salon de conversation, le casino et les accessoires.

Les deux galeries latérales et les constructions intérieures sont consacrées aux nombreux services des bains. On y trouve quatre piscines, des étuves, des cabinets en grand nombre, des appareils de douches de toute nature, etc.

La journée se décomposant en huit séries, l'aménagement de l'établissement permet de donner de 700 à 800 bains par jour.

LE PETIT ÉTABLISSEMENT

Le petit établissement est situé en face du grand, sur les sources mêmes et au milieu de la place des Thermes. La façade est surmontée d'une horloge, du côté opposé se trouve le puits de la Croix et une pompe pour l'usage des habitants. Ce bâtiment renferme quatre piscines, des cabinets de douches et de bains de vapeur; il est fréquenté par les personnes qui ne peuvent payer qu'un prix très modéré, par celles qui, d'après certaines formalités, jouissent de la gratuité des eaux, par les indigents de l'hôpital. Tout autour, des bassins réfrigérants, verdis par les conferves, exhalent leur vapeur continuelle.

LES BASSINS RÉFRIGÉRANTS

Le principal obstacle au service des bains était autrefois le défaut de réfrigération. On comprend, en effet, qu'à la température des sources, c'est-à-dire 53 degrés centigrades, le bain n'est guère praticable. C'est pour obvier à cet inconvénient que de vastes bassins ont été creusés à mi-côte, à gauche, au-dessus du grand établissement, et qu'une machine à vapeur a été installée pour y conduire l'eau des sources.

L'HOPITAL THERMAL

L'HOPITAL thermal reçoit du 15 mai au 30 septembre de 600 à 700 malades qui composent six séries de 100 à 110 malades chacune et de vingt jours de durée.

Les indigents du pays y sont admis avec des billets dits de fondation, et les malades des autres départements sur une liste fournie par les préfets ou les maires et en payant à l'hospice une somme de 35 francs pour les vingt jours de traitement.

Tout malade doit fournir :

1° Un certificat d'indigence délivré par le maire de sa commune;

2° Un certificat délivré par le percepteur constatant qu'il ne paie pas plus de 10 francs d'impôt;

3° Un certificat du médecin constatant la maladie dont il est atteint.

L'ÉGLISE

De tous les monuments publics ou privés que l'ère gallo-romaine avait semés à profusion sur le sol de Néris, on trouve à peine aujourd'hui, quelques vestiges enfouis çà et là. Le moyen âge, seul, nous a légué l'église, encore avons-nous à regretter que ce monument ne soit pas resté intact, dans toute sa beauté primitive. Situé sur la hauteur qui domine la vallée des bains, au centre de la ville proprement dite, l'édifice présente une apparence modeste, trop modeste même, pour l'importance de cette station thermale. Le clocher, avec sa base d'une architecture assez riche et son couronnement en flèches superposées est digne de fixer l'attention.

A l'intérieur, un simple coup d'œil ne laisse aucun doute sur l'origine et le style de l'édifice;

on se trouve en présence d'une église de l'ère romane secondaire. Commencée au onzième siècle, elle fut continuée au siècle suivant comme l'atteste suffisamment l'introduction encore imparfaite de l'arc en tiers-point. L'examen des colonnes des chapiteaux, des moulures, présente un certain intérêt. Dans un des bas-côtés, à gauche, un tableau représentant l'ascension de Jésus-Christ ; à droite, une sainte Agathe due à l'inspiration d'un plâtrier du pays, qui a surtout fait preuve de bonne volonté.

LE PARC DES ARÈNES

Au bout de la longue avenue de tilleul que l'on appelle le *Petit Parc,* se trouve le *Grand Parc* ou *Parc des Arènes* séparé du premier par la route de Montluçon à Clermont. C'est un jardin magnifique, planté de superbes arbres qui en font un asile de fraîcheur, durant les chaleurs de l'été; des platanes, des ormes, des tilleuls étendent sur le promeneur leurs branches enlacées.

En entrant, l'œil est surpris de se trouver en face d'un immense amphithéâtre, autour duquel existe encore une muraille, dernier vestige de l'édifice qui s'élevait jadis en ce lieu. Était-ce un théâtre, était-ce une arène? Les avis sont partagés à ce sujet.

« Les arènes, dit Boirot-Desserviers, l'amphithéâtre ou vulgairement le champ des os, avait la forme d'un arc, dont la circonférence était de

168 mètres en dehors. Le devant représentait la corde de l'arc et avait 68 mètres de longueur. Au milieu était une porte, le demi-cercle en offrait quatre autres, au sud, au sud-est, au nord, au nord-est, c'étaient les *vomitoria*. On a trouvé dans les fouilles un grand nombre de morceaux de colonnes, des bases et des chapiteaux, ce qui suppose une galerie.

« J'ai rencontré dans celles que j'ai faites dans l'arène, à seize pieds du sol d'aujourd'hui, de grands escaliers circulaires et sur un sable noir très fin des ossements humains et de divers animaux carnivores, des débris de verrerie et de poterie, des agrafes et des épingles à cheveux, etc. De chaque partie latérale de l'amphithéâtre partait une forte muraille, épaisse d'environ deux mètres dont on n'a pu trouver le terme bien qu'on l'ait suivie à 200 mètres. »

Au-dessus de l'amphithéâtre, à gauche, une petite terrasse d'où l'on découvre un vaste horizon ; on aperçoit, de là, la ville de Montluçon (coté de la gare), les montagnes de la Creuse et certains plateaux du Cher.

MUSÉE RIËKOTTER

Les étrangers peuvent visiter un musée très intéressant, légué à la Ville par M. Riëkotter, ancien caissier des mines de Commentry. Il contient quelques fossiles, des objets d'art romains, et surtout une collection de médailles très complète et très appréciée des numismates. Actuellement, ce musée se trouve dans un pavillon du jardin de M. Boissier, notaire; la municipalité, qui, depuis deux ans veut le déplacer, n'a pas encore pu trouver un autre local pour l'installer.

LE JARDIN BOISSIER

Le propriétaire de ce jardin, M. Boissier, en permet gracieusement l'entrée, deux fois par semaine, le dimanche et le jeudi, à partir de midi.

C'est une promenade de prédilection pour les personnes qui ne sauraient faire une longue course sans se fatiguer. Du reste, l'enclos est des plus charmants : faisanderie, volière, jets d'eau, serre, lac, île, grotte, cascade, points de vue, vertes pelouses, fleurs les plus variées, fraîches tonnelles, rien n'y manque pour captiver le visiteur.

PROMENADES ET EXCURSIONS

LE CAMP DE CÉSAR

A quatre cents mètres du Grand Parc, sur la route de Villebret, un peu après avoir passé la deuxième maison, et sur la droite, on aperçoit au milieu d'un champ un monticule artificiel, c'est le *camp de César*.

Ce camp est assez bien conservé, il est au couchant de Néris et de forme à peu près triangulaire ; sa circonférence en dedans était de 540 et quelques mètres ; les parties de l'est et de l'ouest, ainsi que la totalité du nord étaient défendues par un ravin très profond ; le surplus d'environ 250 mètres de long, l'était pour une levée de terre palissadée et flanquée de tours. Près de là se trouvait un temple dédié à Pallas, d'où le nom de la *Palle* que l'on a donné à la propriété. Il y a quelque temps, on découvrit dans le pré situé au-dessous du camp et derrière l'hôtel des Arènes de belles piscines que l'on a malheureusement laissé enfouir de nouveau.

LE MOULIN RÉTY

Allez jusqu'au parc des Arènes, tournez à gauche et descendez le petit chemin qui se trouve en face de vous, entre la route de Montluçon et l'hôtel des Arènes, vous avez au-dessus de vous, et à votre gauche, le *camp de César*, à votre droite, des roches granitiques, et bientôt vous arrivez dans la cour du moulin Réty.

Il est modeste, le moulin, mais quel nid de verdure, de l'eau, des bois, des fougères, des cascatelles, deux autres moulins encore! Dans l'écluse du moulin Réty viennent se réunir le *ruisseau des Granges* et l'eau des sources thermales.

Là, vous pouvez demander du lait, vous êtes sûr que l'on n'aura pas profité de la proximité de l'eau pour la fabrication d'un mélange illicite, et si le meunier, un excellent garçon, ne vous sert pas avec toute la correction qui est en usage au café Riche ou à la Maison-Dorée, vous aurez, en revanche, de la bonne humeur, de la franchise et de la considération.

En continuant la route devant vous, vous côtoyez un ruisseau; on peut respirer largement l'air frais sous les arbres du petit sentier qui conduit au deuxième moulin; à droite et à gauche de hautes collines, du granit; on arrive au troisième moulin; puis, gravissant un petit chemin à pente très rapide, on se trouve sur la route de Montluçon. Rien n'est plus pittoresque, plus charmant, que cette vallée que l'on vient de parcourir!

C'est véritablement une petite Suisse, et certainement l'une des promenades que l'on recommence. On y trouve bien souvent des artistes, amateurs munis du pliant et de l'ombrelle, peignant le joli paysage qui les entoure et dont ils veulent emporter le souvenir.

LES BILLOUX

LE TOMBEAU DU CHEVALIER

Au fond du parc des Arènes le voyageur s'arrête devant une petite porte qui donne accès sur la campagne ; en tournant à gauche et en suivant un petit chemin bordé de buis comme la plupart des sentiers qui entourent Néris, il arrive aux Billoux. Il longe alors le jardin de la propriété, traverse la cour, sur les côtés de laquelle il rencontre des débris de chapiteaux et de colonnes, puis, à travers un pré, lui faisant face, il aperçoit le *tombeau du chevalier de Coutines*.

Ce tombeau, en forme de petite chapelle, est construit en pierre de Volvic. Celui qui repose dans ce lieu si paisible et si pittoresque était parti très jeune pour Malte, d'où il revint vers 1818. Il mourut en 1846. Comme Châteaubriand, le chevalier de Coutines avait, de son vivant, choisi l'emplacement et fait construire la demeure où il devait dormir son dernier sommeil. Il en surveillait, lui-même, les travaux. On nous a raconté, à ce sujet, que, ne voulant négliger aucun détail, il fit creuser un cercueil en pierre dans lequel il voulut s'étendre, afin de s'assurer de l'exactitude des mesures. Après sa mort, il fut placé dans un cercueil en chêne, et comme l'épaisseur de ce nouveau cercueil n'avait pas été calculée, il fut fort difficile de l'introduire dans le premier.

Cette promenade est l'une des moins longues et des plus agréables; c'est un petit pèlerinage que font presque tous les baigneurs de Néris.

LA CHAPELLE DE SAINT-JOSEPH

A deux kilomètres de Néris, sur une haute montagne d'où le regard découvre un immense horizon, s'élève une petite chapelle dédiée à saint Joseph de l'Espérance et de Bon-Secours. Commencée il y a une quinzaine d'années avec le produit des souscriptions recueillies parmi les étrangers, elle attend qu'un nouvel élan de charité lui permette de se parer d'un svelte clocher.

Chaque année, durant la saison, et nous pouvons dire chaque jour, cette chapelle est le rendez-vous de nombreux visiteurs ; qu'ils soient guidés par une pensée religieuse ou par un sentiment de curiosité, tous trouvent ainsi l'occasion de faire une promenade des plus intéressantes.

Aussitôt après avoir passé le petit ruisseau

qui traverse la route de Villebret, vous tournez à gauche et vous gravissez lentement un petit sentier qui arrive en serpentant en face de la chapelle. Là, une grotte rustique vous offre son banc non moins rustique, si vous êtes fatigué.

Un superbe panorama se déroule alors sous vos yeux ; à droite Néris, Marcoing ; en face, des collines boisées, le ravin creusé par le ruisseau des Granges et, dans le lointain, Montluçon avec la fumée des hautes cheminées des forges. A gauche, le bois de Villebret ; derrière vous, au nord, des bois encore, et, à perte de vue les montagnes d'Auvergne.

COMMENTRY-MINES
(6 kilomètres)

Le baigneur qui se trouve à Néris durant la saison, ne manque pas d'aller faire une ou plusieurs excursions à Commentry. S'il est quelque peu initié aux questions scientifiques ou industrielles, il trouvera à visiter cette ville un puissant attrait ; dans le cas contraire, le côté pittoresque le dédommagera largement de sa peine et lui fera garder de son excursion un souvenir intéressant.

Commentry est une ville à l'américaine ; il y a quarante ans, c'était un village de deux ou trois feux, aujourd'hui elle compte 12,000 habitants. Moitié ville, moitié village, Commentry rappelle ces nombreuses agglomérations du Nord qui se sont formées aux portes de nos vieilles cités flamandes, trop à l'étroit dans leurs ceintures de murailles. A Commentry, tout est mines ou forges. L'exploitation régulière de la houille date d'une quarantaine d'années et elle a vite pris un immense développement ; sa production annuelle peut atteindre 400,000 tonnes ; elle les a même dépassées.

Les puits sont nombreux et puissamment outillés ; ils sont tous munis d'un criblage mécanique. Près du puits Forey se trouvent d'importants lavoirs mécaniques et un grand atelier de carbonisation. Mais ce que Commentry-Mines a de particulier, ce sont ses sept tranchées, immenses excavations de 60 mètres de profondeur qui ont servi à l'exploitation à ciel ouvert. La première, en débouchant par la rue de la Mine, est de toutes la plus importante, elle n'a pas moins de 500 mètres de longueur sur 200 mètres de largeur ; pour le praticien, nous recommanderons celle qui est à l'extrémité, ou tranchée de Longeroux, dans laquelle on peut voir mise à nue la magnifique couche de Commentry avec son système complet d'exploitation.

A tous ceux qui font une étude spéciale des

questions géologiques, nous signalerons le magnifique musée de paléontologie, de botanique fossile, dont tous les échantillons appartiennent au bassin de Commentry et ont été recueillis par les soins du savant directeur de ces mines, M. Fayolle. Ce musée, absolument privé, se trouve dans les bureaux de la mine.

COMMENTRY LA NUIT

Une des grandes attractions de Commentry a toujours été, pour les baigneurs de Néris, les feux de la mine. Ces feux dus à l'inflammation spontanée de la couche de charbon et des schistes charbonneux qui l'avoisinent ont bien diminué d'intensité, mais ils offrent encore un curieux spectacle. Ils se trouvent à la sortie même de Commentry, au bout de la grande tranchée.

Cette excursion doit se faire la nuit et, de préférence, par une belle soirée succédant à une journée pluvieuse.

COMMENTRY-FORGES

La forge date également d'une quarantaine d'années ; c'est un immense établissement pouvant occuper de 1,800 à 2,000 ouvriers. On y fabrique la fonte, le fer marchand, la tôle et le fer-blanc.

Pour l'amateur, ce dernier atelier est l'un des plus intéressants. Rien de curieux comme de voir ces tôles sombres arrivant brutes de la forge plongées dans des cuves noires et graisseuses et sortir de là, brillantes comme des miroirs.

A voir encore l'impression du fer-blanc, cette même tôle si brillante tout à l'heure, traitée comme une vulgaire feuille de papier, couverte de caractères d'imprimerie ou de dessins pour devenir boîte à conserves, jouets d'enfants, plaques à réclames, etc.

Si vous n'allez à la forge que pour le pittoresque, allez-y le soir : c'est un spectacle qui ne s'oublie pas ; depuis la fonte qui sort en bouillonnant des vastes flancs des hauts-fourneaux jusqu'à ces barres de fer rouge, vrais serpents de feu, sautant d'un laminoir à l'autre, s'allongeant toujours et entourant de leurs mille replis embrasés les cyclopes de ce nouvel Etna, tout y est diabolique.

MONTLUÇON
(7 kilomètres)

La route de Montluçon est l'une des plus belles et des mieux construites que l'on puisse voir ; nouvellement plantée d'arbres, elle présente au voyageur les aspects les plus variés.

La ville se compose de deux parties : la vieille ville et la ville Gozet, située de l'autre côté du Cher.

C'est dans cette dernière, sur les bords du Cher, ou le long du canal du Berry que se trouvent les principaux établissements industriels.

Sur les bords du Cher, deux grandes usines ; l'une sur la rive droite fabrique la fonte, l'acier Bessemer, les moulages, les tuyaux en fonte pour conduites d'eau ou de gaz, c'est même la fabrication la plus intéressante de cette usine et elle lui est spéciale dans la région.

Sur l'autre rive, l'usine Saint-Jacques, appartenant à la même Compagnie que celle de Commentry, est outillée également pour la fabrication de la fonte en première et deuxième fusion, de l'acier Bessemer; mais ce qu'elle a de particulier et de vraiment curieux, c'est la fabrication des blindages mixtes pour navires. C'est un spectacle imposant que ces immenses plaques de fer et d'acier, épaisses souvent d'un demi-mètre et pesant parfois 40,000 kilogrammes, manœuvrées comme de simples tôles, chauffées, laminées, taillées, percées avec une facilité qui tient du prodige. C'est une usine dont nous ne conseillerons pas la visite le soir, parce que le travail qui s'y fait a trop d'attraits pour le sacrifier à l'originalité d'une visite de nuit. Cette usine fabrique en grande quantité des roues, des essieux, des bandages pour chemins de fer, des obus, des tourelles blindées, etc. Une annexe de l'usine, rue de Tours, s'occupe de la construction des machines à vapeur et machines-outils.

Montluçon possède encore un grand nombre

d'ateliers pour le travail du fer et de la fonte : fabrication de fers creux (usine Deslinières), construction de chaudières (usine Dépin), etc.

Une autre industrie, la fabrication du verre, est représentée à Montluçon par deux usines importantes.

Sur le bord du canal existe une grande verrerie à bouteilles, appartenant à M. Duchet, et sur la rive gauche du Cher, une manufacture de glaces dépendant de la Compagnie de St-Gobain.

La coulée des glaces et leur laminage, les différentes phases du polissage, dégrossissage et doucissage et enfin l'étamage, telle est la série d'opérations toutes plus curieuses les unes que les autres, auxquelles assiste le visiteur dans une manufacture de glaces ; celle de Montluçon, fort bien aménagée, a été munie des plus récents perfectionnements. Le travail du polissage y est particulièrement intéressant ; l'usine renferme, en outre, une fabrique de produits chimiques.

DE NÉRIS A MARCILLAT
(16 kilomètres)

La promenade de Néris à Marcillat est une des excursions les plus agréables.

Les sites les plus grandioses et les paysages les plus variés viennent à chaque instant charmer les yeux du voyageur et lui font bien vite oublier la longueur du chemin.

Deux routes conduisent de Néris à Marcillat, l'une, passant par Villebret, l'autre, par Larequille; toutes deux se rejoignent aux brandes de l'assiette, à cet endroit le pays change complètement d'aspect, on aperçoit, à droite, les montagnes de la Creuse, Toul, Sainte-Croix et les pierres jaunâtres; à gauche, les montagnes d'Auvergne, échelonnées en gradins, montrent leurs pics couverts de neige. A deux kilomètres se trouve la commune d'Arpheuilles-Saint-Priest;

son clocher, de construction récente, domine toute la contrée.

Bientôt après, Marcillat apparaît, dans le lointain; la route fait encore de nombreux détours, traverse un ruisseau, puis, par un gracieux lacet, gravit la montagne au sommet de laquelle est bâtie la ville. Situé à l'extrémité du département de l'Allier, entre le Puy-de-Dôme et la Creuse, Marcillat appartient plutôt à la région des montagnes et semble faire partie de l'Auvergne. On y voit encore les restes d'un château du quinzième siècle et une vieille église avec un élégant clocher d'une architecture remarquable.

Le château, démoli en partie, renfermait autrefois une collection d'antiquités qui ont été transportées à Néris.

Deux ruisseaux, très poissonneux, permettent aux pêcheurs de faire une abondante provision de truites et d'écrevisses; on y arrive par plusieurs routes et particulièrement du côté d'Evaux et de Pionsat.

Découpée sur le flanc d'une montagne, la route d'Evaux rappelle au voyageur, les sites accidentés de la Suisse : à gauche, le bois du Chignon, à droite, un immense précipice au fond duquel coule un petit ruisseau recherché par les pêcheurs. Plus bas, se trouve le petit village de Chambouchard, situé sur le Cher, qui sépare l'Allier de la Creuse. Sans avoir de splendides hôtels, Marcillat est fort bien approvisionné, le touriste peut être sûr d'y rencontrer tout le confortable, le gourmand, et nous pouvons dire le gourmet, y trouveront toujours l'un et l'autre pleine satisfaction.

PIONSAT

(8 kilomètres de Marcillat)

Il existe un service régulier de voitures pour Pionsat, chef-lieu de canton du Puy-de-Dôme, situé à huit kilomètres de Marcillat.

Si le pays ne change pas d'aspect, il n'en est pas de même des habitants, et le voyageur ne tarde pas à s'apercevoir qu'il est en pleine Auvergne.

Quoique plus élevée que Marcillat, la ville de Pionsat est bâtie au fond d'un entonnoir ; il s'y fait un commerce assez important et l'on y trouve de nombreuses curiosités. Le château renferme une magnifique collection de vieilles tapisseries d'Aubusson et une foule d'antiquités conservées par des particuliers qui se font un plaisir de les montrer aux amateurs.

LE CHATEAU DE L'OURS

(10 kilomètres)

C'est l'une des excursions les plus connues des baigneurs de Néris; c'est, en effet, l'une des plus belles des environs. Arrivé à Villebret on descend sur la route de Montluçon, que l'on quitte à trois cent mètres pour prendre, à gauche, le chemin de la Goutelle. Là, vous suivez la route de Mazirat et vous apercevez bientôt, à l'extrémité d'une colline dont vous sépare un profond ravin, le château de Gouttière. La situation de ce petit castel est excessivement originale, les flancs de la colline qui le supporte sont plantés de nombreux arbres d'essences différentes, ce qui présente l'aspect le plus riant. La route contourne le ravin qui entoure le château; vous revenez presque sur vos pas et montant toujours vous ne tarderez pas à vous engager dans un petit chemin aboutissant à un hameau. Vous êtes ici obligé de laisser chevaux et voitures pour descendre par des sentiers abrupts vers le but de la promenade : le château de l'Ours, qui a, d'ailleurs, trouvé son poète ; nous devons lui laisser la parole :

> Le break s'arrêta près d'une chaumière
> Qui, dans le pays, sert de cabaret.
> Un frugal repas fut bien vite prêt ;
> Des œufs, du lard, du pain de fermière,
> Le tout arrosé d'un vin guilleret.
>
> Enfin, bien lestés, nous nous dirigeâmes,
> Faisant, toutefois, un très long détour,
> Par d'étroits sentiers, vers la vieille tour.
> Nos propos bruyants, dont riaient les dames,
> Faisaient résonner les bois d'alentour.
>
> Tout à coup, un cri : Voilà la ruine !
> Et, sur un vieux roc couvert de genêts,
> On vit, entourés de buissons épais,
> Quelques pans de murs, d'assez triste mine.
> Une vieille tour se dressait auprès.
>
> Le docteur allait nous conter l'histoire
> Du sire Archambaud... quand du fond des bois,
> S'élève soudain une forte voix
> Qui chantait..., j'en ai gardé la mémoire,
> Un air d'opéra ! Et, soudain, je vois,

> Sur les bords du Cher, nos jeunes artistes
> Qui nous amusaient, hier, au Casino ;
> Les uns sur des rocs, les autres dans l'eau
> Se baignant, pêchant, et loin d'être tristes !
> Je ne vis jamais un plus gai tableau.

Si vous n'avez pas l'heureuse chance de rencontrer les artistes du Casino pour vous chanter des airs d'opéra, vous pourrez toujours vous faire raconter la légende du château de l'Ours par l'un de vos conducteurs, ils la connaissent tous. Nous devons surtout appeler l'attention du voyageur sur la beauté du site qui s'offre aux regards au moment ou l'on aperçoit la tour. « La Suisse, l'Auvergne, dit Leroc Dussaint, auquel nous empruntons ce qui suit, ont le privilège des beaux sites et des horizons variés. S'ils en présentent beaucoup de plus vastes que celui qui s'étale en ce moment sous les yeux, ils n'en offrent guère de plus frappants, de plus saisissants, de plus beaux.

« Le point qui attire tout d'abord le regard, le point que le premier arrivé désigne du doigt en criant :

« La voilà! c'est la tour. »

« Elle se dresse, imposante et terrible, seule et noire au fond d'une vallée profondément encaissée, entre des côtes rocheuses et arides, inhabitables, sans communication possible avec le dehors, après le premier mouvement de saisissement, le regard se détache de la tour pour se porter sur le paysage étrange qui l'environne.

« Le cadre en est formé par un cercle de collines ondulant l'une sur l'autre et allant de mamelons en mamelons se perdre à l'horizon. La végétation a peine à se montrer sur ces pentes désolées. De rares arbustes y poussent dans les fentes des rochers. Tout au bas un ruisseau serpente autour du massif qui supporte la tour et vient finir dans le Cher. Droit devant, à l'extrême horizon, le Cher sort des montagnes. Il coule d'abord paisiblement sur un lit de sable, se partage pour enlacer une île sans verdure mais agréable à la vue. L'île passée, il va bientôt se précipiter avec bruit au travers des rochers et forme un gouffre dangereux au-dessus duquel roule sans cesse un rapide tourbillon.

« Après être descendu sur les bords du Cher, il faut grimper à la tour.

« Sur une esplanade assez large la tour se dresse ferme et solide sur sa base de rochers ; les murs ont six pieds d'épaisseur. Sa circonférence est de 24 mètres en dehors. Pour y pénétrer, point de porte, une brèche récente ouverte à coups de pics dans la maçonnerie. L'intérieur n'est éclairé que par cette brèche et par la lumière qui descend d'un trou circulaire percé au milieu de la voûte. Ce trou, cette absence de jour, dénotent que ce rez-de-chaussée de la tour n'était autre chose qu'une oubliette, une prison inexorable qui ne rendait jamais ceux qu'elle avait reçus. Mais si ce trou au-dessus de la tête, si cet intérieur enfumé donnent le frisson et font songer aux souffrances des malheureux qui durent là languir et mourir, quelque autre chose vient s'ajouter à l'horreur de ce lieu. Est-ce imagination, est-ce réalité ? En marchant dans cette triste enceinte, on croit sentir trembler le sol, et si l'on frappe du pied, un écho sourd répond comme s'il y avait du vide et du creux en dessous. »

ABBAYE DE BELLAIGUE

(Puy-de-Dôme. — 14 kilomètres de Néris)

Pour ceux qui ne craignent pas une longue excursion, en voiture, nous allons indiquer une des plus charmantes promenades de nos environs, et l'occasion d'un repas champêtre, dont Néris devra, toutefois, fournir les éléments.

L'*abbaye de Bellaigue* se trouve dans le Puy-de-Dôme, mais tout à fait sur la limite du département; la route est excellente d'un bout à l'autre et le voyageur n'a pas à redouter les cahots d'un chemin de traverse.

Partant de Néris, on suit la route de Montaigut jusqu'au hameau de Gournet; prenant à droite, on gagne Ronnet, et, à la sortie du village, on est fort étonné de voir, en plein champ, à cinquante pas du chemin, une tour absolument semblable à celle du château de l'Ours; ce sont les mêmes murailles de six pieds d'épaisseur, la même voûte avec son trou béant au centre. On ne peut s'empêcher de songer aux malheureux jetés vivants dans ces tombeaux, dont les parois massives étouffaient les cris. Mais poursuivons notre chemin, gagnons la route de Montaigut à Marcillat; suivons-la pendant 1,500 à 1,600 mètres dans la direction de ce dernier village, et au milieu même du bois de Champeaux, prenons le premier chemin à gauche, nous sommes dans le Puy-de-Dôme. Encore un coup de collier, 4 kilomètres à peine, et nous arrivons à un moulin de construction toute récente remplaçant celui qu'avaient élevé les moines de Bellaigue.

Nous sommes, en effet, à Bellaigue, et si nous n'apercevons pas l'abbaye, c'est que les moines qui l'ont bâtie, il y a sept cents ans passés, ont eu le soin de l'enfouir dans un repli de terrain, derrière un rideau d'arbres comme le craintif passereau qui cache son nid sous un feuillage épais, à l'abri des serres du milan.

Ce n'était pas seulement en la dérobant aux regards indiscrets que les moines avaient protégé leur retraite contre les bandes de pillards et les incursions de leurs turbulents voisins ; une enceinte fortifiée dont il reste encore quelques vestiges, des tours crénelées aux angles des murs, des meurtrières aux côtés du vieux portail sont la preuve évidente qu'à certaine époque le couvent a tenu garnison. Il ne s'agit pourtant pas d'une commanderie de Templiers, mais bien d'un couvent de Bernardins fondé par saint Bernard lui-même en 1137.

Ce qui reste de l'abbaye nous permet d'apprécier ce qu'elle devait être avant que la tourmente révolutionnaire ait dispersé les moines et que la rage aveugle de quelques énergumènes fut venue ravager cet asile plusieurs fois séculaire.

L'église est encore debout, presque intacte et ses proportions grandioses témoignent de l'importance de ce vieux couvent. Dans le transept, du côté de l'évangile, deux tombeaux, ceux de Bourbon Archambaut VIII et de la duchesse sa femme ; les figures des sarcophages quoique en partie mutilées, sont encore bien distinctes; vis-à-vis, la porte du cloître dont une notable partie subsiste encore.

Le long du cloître, de grandes pièces voûtées, cuisines, réfectoires, salles du chapitre, etc.; au dessus, les cellules des religieux s'ouvrant sur une galerie commune. Dans les jardins substitués à l'ancien étang, on voit les traces d'un immense vivier destiné à l'alimentation des hôtes du monastère.

C'est dans l'abbaye même que résident M. et Mme Vaillant, les propriétaires actuels de ces ruines qu'ils entourent d'un respect que n'ont malheureusement pas montré tous leurs prédécesseurs. Qu'ils reçoivent ici nos remerciements personnels pour la gracieuse amabilité et la complaisance charmante qu'ils mettent à faire visiter à leurs hôtes de passage, les vestiges si curieux de l'antique couvent.

Vous rencontrerez à Bellaigue plus d'un coin délicieux pour un déjeuner sur l'herbe, une eau toujours limpide, un ombrage toujours frais. Au retour prenez par Bonnet, Arpheuilles et

Villebret, la route est presque, dans toute son étendue, en entier, au milieu des bois.

Il nous reste encore à indiquer quelques excursions aux environs de Néris. Il faut visiter le *Pont Menat* (20 kilomètres); le *Pont de la Tarde*, un chef-d'œuvre (22 kilomètres); *Evaux* (25 kilomètres) la *Prise d'Eau* (10 kilomètres); *Montmurier* (4 kilomètres).

Lorsque le voyageur aura effectué toutes les promenades dont nous venons de parler, il n'aura pas perdu son temps, et il emportera de son séjour à Néris un agréable souvenir. C'est là le but que nous voulons atteindre.

En terminant ce petit ouvrage, il n'est pas hors de propos de donner un échantillon du patois de Néris. C'est une traduction libre de la fable le *Corbeau et le Renard*, due à la plume spirituelle et originale d'un ancien médecin de Néris, M. le docteur Forichon, qui au talent d'écrivain et à la science médicale ajoutait des connaissances théologiques des plus sérieuses, car il était prêtre en même temps que docteur en médecine.

L'AGROLE ET LE RENA

En 1850, le bétchio parlève inquièra. Ecoutez.

Un jou d'hiviâ, quou ne fasève pas trop biau,
      L'agrôle ère juchade
      Au bout d'un baliviau;
      L'ère su-daut moutade
      Pa fere son dîna
      Que l'aye prépara
Embéi un groua froumage vaingu de Chambéra.
Le renâ dépeu trêis jous que n'aye pas de pâin,
Aussitoua s'appreché en fasant le câlâin.
— Eh! bonjou nôte dame, quema vous pourtez-vous?
Héla! qué sé contint de vous veire chia nous!
E vous trouve si jinte embéi quo néi montiau!
Presoune dé le boux n'en pourte un aussi biau!
Votés souliés sont faits d'inne piau qué tant fine!
      E creye que le ré
      N'en a pas de parés
      Pindus à sa souline.
Ar sé, é vous écouti dire inne chanson
E cregui, oui ma foué, quou ère le rassignou
Si zere chabretère, pa avi votre jeu,
E doniau, é n'en jure, la méta de ma queu.
      L'agrôle quère enchantade
      De se veire vantâ,
      Pa li donna l'aubade
      Se mété à couana.

Son froumage devalé dé la gueule de renâ
Et le resté su-daut la gouarge bade.
Ma l'autre li dissé, en migeant son fricot
— Ne sia don pas si buse un autre cot.

TABLE DES MATIÈRES

Préface .... Pages III

Renseignements généraux   5
   A la Gare   7
   Arrivée à Néris 10

Néris médical 12
   Service médical 30
   Dispositions réglementaires 31
   Tarif des prix des Bains et Douches 33
   Poste et Télégraphe 40
   Culte catholique 42
   Culte protestant. — Mairie 43
   Casino 44
   Le Grand établissement 47
   Le Petit établissement 48
   Les Bassins refrigérants 49
   L'Hôpital thermal 50
   L'Église 51
   Le Parc des Arènes 53
   Musée Riëkotter 55
   Le Jardin Boissier 56

TABLE DES MATIÈRES

Promenades et Excursions :
- Le Camp de César 57
- Le Moulin Réty 59
- Les Billoux 61
- La Chapelle de Saint-Joseph 63
- Commentry-Mines 65
- Commentry la Nuit 68
- Commentry-Forges 69
- Montluçon 71
- De Néris à Marcillat 74
- Pionsat 77
- Le Château de l'Ours 78
- Abbaye de Bellaigue 83

PARIS. — IMPRIMERIE A. LANIER, 14, RUE SÉGUIER.

NÉRIS-LES-BAINS
Allier

Grand Hôtel Dumoulin

MAYRAND, Propriétaire

HÔTEL DE PREMIER ORDRE

placé en face le Grand Établissement Thermal

Villas pour Familles

Omnibus de l'Hôtel a tous les trains

(GARE DE CHAMBLET-NÉRIS)

NÉRIS-LES-BAINS (ALLIER)

HÔTEL des RIVALLES

Morichon-Dardouillet

PROPRIÉTAIRE

Situation tout à fait exceptionnelle au milieu d'un vaste enclos de quatre hectares

Table d'Hôte confortable — Service particulier et à la Carte

APPARTEMENT COMPLET POUR FAMILLE

Très Joli Pavillon

entièrement séparé de l'Hôtel, composé de Cave, Cuisine
Salle à manger, Salon, 4 Chambres de Maîtres et Mansardes
le tout très bien meublé et pourvu du Linge
et des ustensiles nécessaires à la tenue d'un ménage.

ÉCURIES & REMISES près de l'Établissement

OMNIBUS A TOUS LES TRAINS

Hôtel de la Source
PLACE DES THERMES

 ## PEYNARD
PROPRIÉTAIRE

Vaste Jardin attenant à l'Hôtel

APPARTEMENTS SUR LE JARDIN

ET PAVILLON SÉPARÉ

NÉRIS-LES-BAINS

Grand Hôtel de Paris
PREMIER ORDRE

BITON-LAFONT, Propriétaire

PAVILLON & VILLA SÉPARÉS DE L'HOTEL

Situation exceptionnelle

ÉQUIPAGES POUR PROMENADES

Omnibus à tous les trains

Grand Hôtel
de la Promenade

MAISON DE PREMIER ORDRE

Maxime FORICHON, Propriétaire

ENTRE LES DEUX PARCS

Vis-à-vis le Kiosque de la Musique — Près l'Établissement

SERVICE PARTICULIER

RESTAURANT

Voitures de Promenade — Omnibus à tous les trains.

GRANDS HÔTELS
Rochette
de France et du Parc

MAISONS DE PREMIER ORDRE

ROCHETTE-MONESTIER, Propriétaire

Près l'Etablissement

SUR LE PARC - VIS-A-VIS LE CASINO

SERVICE PARTICULIER

RESTAURANT

Voitures pour Promenades – Omnibus à tous les trains

Grand Hôtel Berger

NÉRIS-les-BAINS

Près de l'Établissement Thermal
et en face les Sources

APPARTEMENTS pour FAMILLES

Table d'Hôte recommandée

SERVICE PARTICULIER

Grand Jardin attenant à l'Hôtel

OMNIBUS DE L'HÔTEL A TOUS LES TRAINS

Photographie

BRETON, Photographe

Ancien opérateur des Maisons *PIALAT*, *CARJAT*, etc.
à Paris

Deux Médailles d'Argent (Clermont et Périgueux)

500 CLICHÉS

de Vues de Néris et des environs : Vieux Châteaux, Rochers
Rivières, Moulins, Vallées, etc.

PORTRAITS & GROUPES DE FAMILLE & D'AMIS

M. BRETON opère tous les jours et se rend avec les Sociétés sur les lieux choisis pour faire des groupes.

Le Photographe demeure en face du Grand Parc.

H. PANNETIER

Chirurgien-Dentiste

DE L'ÉTABLISSEMENT THERMAL
de *Néris-les-Bains* (Allier)

Soins de la Bouche concernant le Dentiste

Grâce à un procédé spécial M. H. PANNETIER exécute toutes les opérations dentaires sans douleur, sans endormir et sans danger.

Dorénavant les accidents de l'anesthésie générale ne sont plus à craindre.

Cercle du Casino

TENU PAR

Adolphe Hannequin

DANS LE PARC VIS-A-VIS DU KIOSQUE DE LA MUSIQUE

Salon de Lecture
DE BILLARD — DE CONVERSATION

SALLE DE JEUX

Ouvert du 15 Mai au 1er Octobre

Pharmacie de l'Établissement
J.-B. COQUELUT

PHARMACIEN-CHIMISTE

Ex-Préparateur de la Station Agronomique du Centre

à NÉRIS-LES-BAINS (Allier)

Laboratoire d'Analyses Médicales et Industrielles

SPÉCIALITÉS
SUCRE D'ORGE DE NÉRIS
SIROP SÉDATIF aux trois Bromures
QUINQUINA CALISAYA préparé au Vin de Grenache

E. RAPHANEL, Propriétaire

Le plus rapproché de l'Établissement

TABLE D'HÔTE
SERVICE PARTICULIER

Omnibus à tous les trains

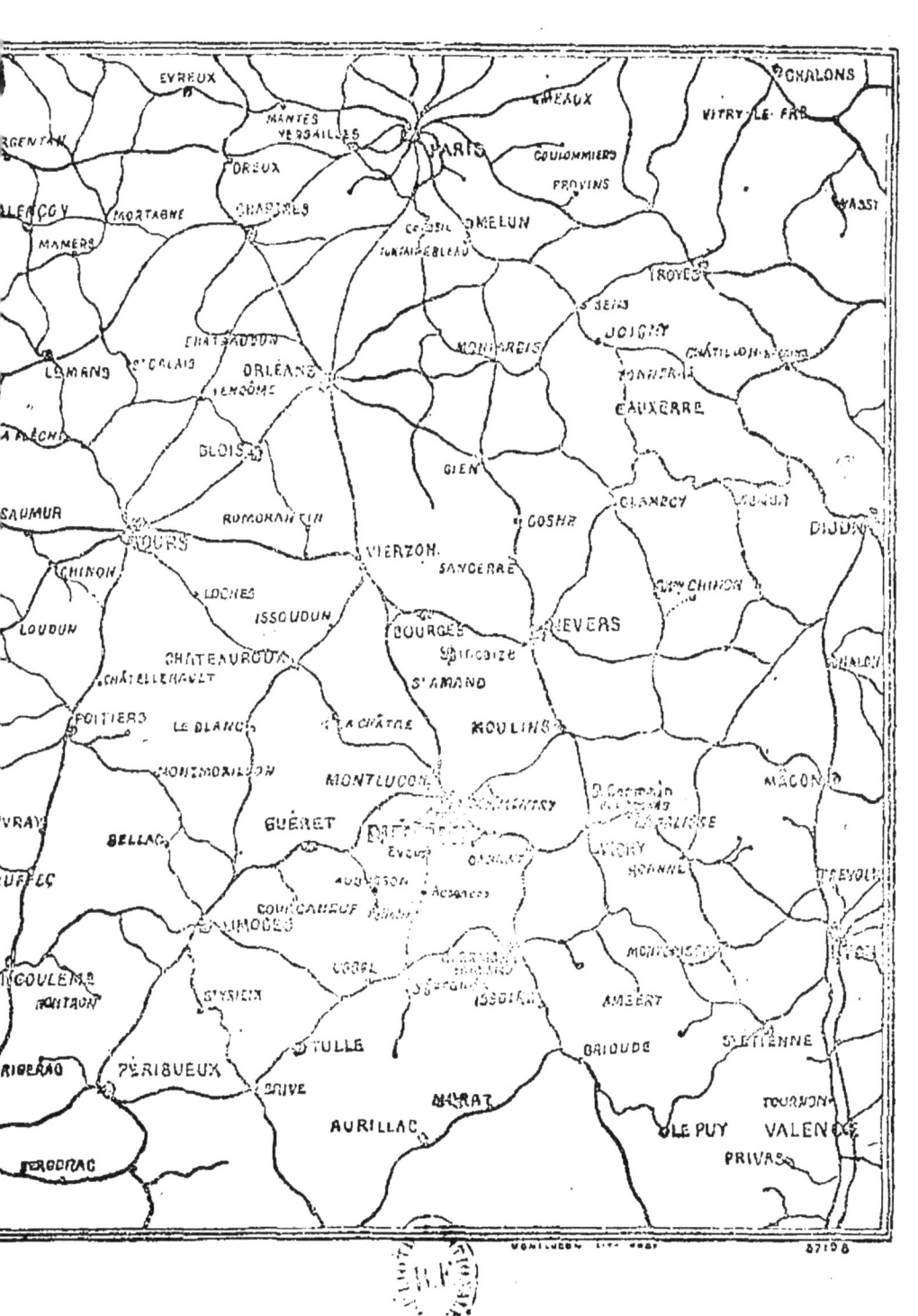

www.ingramcontent.com/pod-product-compliance
Lightning Source LLC
Chambersburg PA
CBHW070245100426
42743CB00011B/2132